Eva Leitenstern

Basteln mit Heu
zu Ostern

Inhalt

5 **Vorwort**

6 **Material und Werkzeug**

8 **Grundtechniken**
8 Übertragen der Vorlagen
8 Schleifen binden

9 **Bindetechniken**
9 Schablonentechnik
10 Figürliches Binden
12 Modellieren mit Maschendraht

14 **Kunterbunte Hasenparade**
15 Fridolin mit Glocke
16 Meister Lampe im Gebüsch
18 Kasimir der Lässige
20 Hasenfamilie Klecks
22 Stallhasen auf Rädern
24 Malermeister Felix

26 **Ostern im Blick: Fenster und Tür**
27 Fröhliche Heu-Eier
28 Hasen-Triangel
29 Türwächter Kunibert
30 Reisigei mit »Fenstergucker«
32 Hasenschaukel
33 Österlicher Türkranz
34 Honigbienen

35 **Geschenke und Frühlingsnatur**
36 Osterglocken-Strauß
37 Sonnenrad
38 Osterlamm im Grünen
40 Schaukelpferdchen
42 Laubfrosch Quirin
44 Libelle

44 **Hahn und Henne: Rund ums Ei**
45 Bruthenne als Nest
46 Hühnerleiter-Frieda
48 Glucke Zenzi
50 Kükenmutti Berta
51 Küken
52 Gockelhahn Federico
53 Vorlagen

Die Deutsche Bibliothek – CIP-Einheitsaufnahme

Basteln mit Heu zu Ostern: mit Vorlagenbogen / Eva Leitenstern. – Augsburg : Augustus Verl., 1999
  ISBN 3-8043-0648-9

Das Werk einschließlich aller seiner Teile ist urheberrechtlich geschützt. Jeder Verwertung außerhalb des Urhebergesetzes ist ohne Zustimmung des Verlages unzulässig und strafbar. Das gilt insbesondere für Vervielfältigungen, Übersetzungen, Mikroverfilmungen und die Einspeicherung und Verarbeitung in elektronischen Systemen.
Es ist deshalb nicht gestattet, Abbildungen dieses Buches zu scannen, in PCs oder auf CDs zu speichern oder in PCs/Computern zu verändern oder einzeln oder zusammen mit anderen Bildvorlagen zu manipulieren, es sei denn mit schriftlicher Genehmigung des Verlages.
Die im Buch veröffentlichten Ratschläge wurden von Verfasserin und Verlag sorgfältig erarbeitet und geprüft. Eine Garantie kann dennoch nicht übernommen werden. Ebenso ist die Haftung der Verfasserin bzw. des Verlages und seiner Beauftragten für Personen-, Sach- und Vermögensschäden ausgeschlossen.
Jede gewerbliche Nutzung der Arbeiten und Entwürfe ist nur mit Genehmigung von Verfasserin und Verlag gestattet.
Bei der Verwendung im Unterricht und in Kursen ist auf dieses Buch hinzuweisen.

Fotografie: Klaus Lipa, Augsburg
Lektorat: Eva-Maria Müller, Augsburg
Zeichnungen: Erich Müller, Augsburg

Umschlaggestaltung:
Karina Stieler, Abraxas Werbegrafik, Augsburg

Layout: Anton Walter, Gundelfingen

Satz: Gesetzt aus 10,5 Punkt Highlander in QuarkXPress von DTP-Design Walter, Gundelfingen
Reproduktion: GAV Prepress, Gerstetten
Druck und Bindung: Appl, Wemding
AUGUSTUS VERLAG AUGSBURG 1999
© Weltbild Verlag GmbH, Augsburg

Gedruckt auf 135 g umweltfreundlich chlorfrei gebleichtes Papier.

ISBN 3-8043-0648-9

Printed in Germany

Vorwort

Dekorations- und Geschenkideen aus Heu bieten sich für die Osterzeit geradezu an. Beim Basteln kann so mit frischen Zweigen, Blumen und anderen Materialien das Erwachen der Natur im Frühling unmittelbar miterlebt und mitgestaltet werden.

Bringen Sie mit witzigen Hasen, bunten Kränzen und vielen originellen Ausflügen in die Tierwelt frischen Wind in Ihr Zuhause. Dabei werden Sie die vielseitig nutzbaren Möglichkeiten von Heu als Bastelmaterial kennen- und schätzen lernen. Und Sie werden – aufgrund der einfach zu erlernenden Technik – immer wieder neue Freiräume zum kreativen Gestalten entdecken. Den Spaß beim Sammeln der Naturmaterialien, beim Entstehungsprozeß und Arrangieren können Sie dabei durchaus mit anderen teilen.

Mit den österlichen Modellen in diesem Buch steht Ihnen eine Vielzahl von Anregungen zur Verfügung, deren Umsetzung vor allem viel Freude bereiten soll.

Das wünscht Ihnen von Herzen
Ihre Eva Leitenstern

Material und Werkzeug

Heu

Für die Schablonentechnik (s. Seite 9), d. h. zum Umwickeln oder Bekleben kleinerer Pappteile, eignet sich am besten kurzes Heu. Dieses können Sie im Bastelgeschäft oder in Zoohandlungen abgepackt als Kaninchenheu kaufen.

Bei allen anderen Techniken, insbesondere beim figürlichen Arbeiten, wurde zum Binden langes, festes und kompaktes Heu verwendet, das bessere flächendeckende Eigenschaften aufweist. Es ist auf den meisten Bauernhöfen als Hochdruckballen (Maß 40 x 40 x 60 cm) erhältlich. Besonders geeignet ist der zweite Grasschnitt eines Erntejahrs (Krumet), weil dieses Heu weniger starre Stengel enthält und daher in der Verarbeitung geschmeidiger ist. Lagern Sie das Material so, daß es vor Feuchtigkeit, aber auch vor direkter Sonneneinstrahlung geschützt ist. Dasselbe gilt für den Standort der fertigen Heuarbeiten: Wollen Sie deren Lebensdauer erhöhen, sollten sie vor Nässe und grellem Sonnenlicht geschützt sein, damit sie weder faulen noch allzu schnell ausbleichen. Um eine optimale Verarbeitung zu gewährleisten, sollte das Heu schließlich nicht zu trocken und spröde sein. Stellen Sie es daher die Nacht vorher auf den Balkon oder in einen Raum mit höherer Luftfeuchtigkeit, z. B. ins Bad oder in die Waschküche. Auch mit dem Wäschesprüher kann selbstverständlich noch nachgeholfen werden.

Moos

wächst in feuchten Gärten und Wiesen oder am Waldrand. Ernten Sie es, wenn es saftig grün ist, d. h. immer nach einem kräftigen Regen. Auf Zeitungspapier oder Pappe am besten im Heizungskeller zum Trocknen auslegen. Später gilt wie bei allen getrockneten Naturmaterialien: Möglichst dunkel lagern!
Auch im Handel als Plattenmoos erhältlich.

Birkenreisig

ist der Baumschnitt von Birken. Die Zweige sollten im Frühjahr geschnitten und möglichst bald gewunden und verarbeitet werden, da sie dann noch im Saft und elastisch sind. Haben Sie dies versäumt, legen Sie das Material einige Tage vorher in Wasser ein.

Drähte

Die überwiegende Zahl der Modelle wird mit grünem **Bindedraht** der Stärke 0,6 mm, der auf Hölzchen aufgerollt ist, gebunden. Für zartere Teile, insbesondere bei der Schablonentechnik (s. Seite 9), bietet sich der dünnere Bindedraht mit 0,36 mm auf Plastikrollen an. Auch der gezackte **Bouillondraht** in Gold oder Silber eignet sich zum Binden und sorgt zugleich für eine edle Wirkung. Die billigere Variante wäre hierbei der gezackte **Goldeffektdraht** auf Plastikrollen. Ziehen Sie den Drahtstrang beim Verarbeiten etwas in die Länge. **Steckdraht** in der Stärke 0,8 mm ist im Handel in ca. 30 cm langen Stücken erhältlich. Er wird zum Stützen und Befestigen von Elementen benötigt – in der Regel dort, wo Kleben allein nicht mehr genügt.
Die Drähte sind im Bastelgeschäft oder in Eisenwarenhandlungen erhältlich.

Heißklebepistole

Die Heißklebepistole ist eine der wertvollsten Erfindungen für Bastler, auf die Sie nach Gebrauch bestimmt nicht mehr verzichten möchten. Mit ihr werden feine und kleinteilige Elemente befestigt, sie leistet aber auch überall dort hervorragende Dienste, wo man nicht andrahten kann. Der heiße Klebstoff hat den Vorteil, daß er schnell anzieht, so daß immer zügig weitergearbeitet werden kann. Legen Sie also die Nachfüllsticks immer in Reichweite und ausreichender Anzahl bereit.

Maschendraht

zum Modellieren des Grundgerüsts ist in Eisenwarenhandlungen und Baumärkten in verschiedenen Gittergrößen und Grundmaterialien erhältlich. Für die Modelle in diesem Buch wurde ausschließlich feinmaschiger (Maschengröße 2 cm), verzinkter Draht verwendet (im Sprachgebrauch als »Hasenstallgitter« oder »Kükendraht« bezeichnet). Auf verzinktes Material ist Wert zu legen, um bei eventuellen Feuchtigkeitseinflüssen ein Anrosten zu vermeiden.

Außerdem

benötigen Sie zum Biegen der Drähte eine kleine **Zange**, eine **Schere** zum »Frisieren« der Heumodelle und zum Ausschneiden der Schablonen. Verschiedenste Accessoires dienen dem Schmuck und werden, zusammen mit eventuell notwendigen besonderen Hilfsmitteln, in der Materialliste zu den Modellen aufgeführt.

Grundtechniken

Übertragen der Vorlagen

Es gibt zwei Möglichkeiten, die Vorlagen aus dem Buch auf die Pappe oder den Karton zu übertragen:
1. Legen Sie Blaupapier mit der dunklen Seite nach unten auf den Karton. Über das Blaupapier legen Sie die Vorlage. Zeichnen Sie nun mit einem spitzen, aber weichen Bleistift die Linien der Vorlage nach.
2. Legen Sie Transparent- oder Pauspapier auf die Vorlage und fixieren Sie beides mit Büroklammern. Alle Linien mit einem spitzen, weichen Bleistift nachfahren. Das Transparentpapier umdrehen, auf den Karton legen und die Konturen noch einmal nachzeichnen. So drückt sich die Bleistiftspur auf den Karton oder die Pappe durch.

Manche Vorlagen müssen Sie mit dem Kopiergerät entsprechend vergrößern. In diesem Fall ist es am einfachsten, das Motiv auszuschneiden und zum Übertragen als Schablone zu verwenden, d. h. Sie ziehen die Umrißlinien noch einmal mit einem Stift auf dem Karton nach.

Schleifen binden

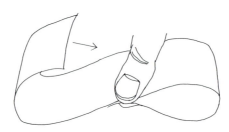

Das Tüpfelchen auf dem »i« ist bei den meisten Dekorationen das passende Band oder eine kunstvoll gebundene Schleife. Ob aus Jute, Leinen, Häkelspitze, Kordel, Papier oder Bast – wichtig ist, daß diese Art der Verzierung zum Stil des Arrangements paßt und mit ihm farblich übereinstimmt. Bei Schleifenbändern, die nur auf einer Seite bedruckt sind, müssen Sie darauf achten, die Schleife so zu binden, daß das Motiv zur Geltung kommt (s. Zeichnung). Fassen Sie die Mitte des Bandes, legen Sie eine Schlaufe und halten Sie diese mit Daumen und Zeigefinger der linken Hand fest. Mit der rechten Hand nun die Gegenschlaufe bilden und überkreuzen. Am Kreuzungspunkt wird das Band mit dem linken Daumen und Zeigefinger gerafft. An dieser Stelle wird es mit dünnem Bindedraht fixiert, indem Sie etwa 15 cm Draht überstehen lassen, dann umwickeln und die Enden an der Rückseite zusammendrehen. Für eine doppelte Schleife wiederholen Sie diesen Vorgang und drahten die zweite Schleife auf die erste an.

Mit dem überstehenden Drahtende wird die Schleife dann an der gewünschten Stelle angebracht.

Tip
Üben Sie das Binden einer Schleife mit einem an den Außenkanten drahtverstärkten Band. Die damit gelegten Schleifen bleiben in der Form, wie sie gerafft wurden, bis zum Abbinden mit Draht besonders gut zwischen den Fingern liegen.

Bindetechniken

Die Modelle in diesem Buch werden in verschiedenen Bindetechniken gefertigt. Jede dieser Techniken wird im folgenden anhand eines Objekts Schritt-für-Schritt erklärt.

SCHABLONENTECHNIK

Libelle

(s. auch Seite 44)

Übertragen Sie die Vorlage im Buch (für die Libelle s. Seite 44) auf Pappe und schneiden Sie die Schablone aus. Sie wird hier in der Mitte leicht gebogen und geknickt, damit der Libellenkörper leichter festgeklebt werden kann.

Nun verteilen Sie Stück für Stück Heu auf der Schablone und wickeln es – in diesem Fall – mit Goldeffektdraht fest. Bei kleinen Teilen läßt sich oftmals leichter binden, wenn Sie das Heu vorher mit der Heißklebepistole ankleben.

Sind alle Flächen bedeckt und umwickelt, schneiden Sie das überstehende Heu mit der Schere ab. Den fertigen Libellenkörper (Anleitung s. Seite 44) mit der Heißklebepistole auf dem Flügelteil anbringen.

Ein weiteres Beispiel für Schablonentechnik sind die Hasenohren in diesem Buch (s. Anleitung Seite 11).

FIGÜRLICHES BINDEN

Für bestimmte Formen (z. B. Ringe) und figürliche Darstellungen wird zunächst ein Grundmodell aus Zeitungspapier angefertigt. Das erleichtert die naturalistische Wiedergabe und spart zudem Heu.
Bei fast allen Tieren in diesem Buch entstehen Kopf und Rumpf in einem Stück; Arme, Beine und andere Körperteile werden gesondert gearbeitet und später hinzugefügt.

Hase

① Zunächst wird der Kopf aus Zeitungspapier geformt und mit Draht umwickelt. Beim Hasen ist es eine zur Schnauze hin relativ spitz zulaufende Eiform.

② Anschließend den Kopf nochmals mit einem Blatt Zeitungspapier umwickeln und am Hals abbinden.

So schaffen Sie bereits den Ansatz für den Rumpf und haben gleichzeitig einen »Griff« zum Binden.

③ Um diesen Strang unterhalb des Kopfes wird nun für den Rumpf erneut Zeitungspapier gewickelt. Entsprechend in Form drücken und wieder mit Bindedraht abbinden. Die so entstandene Grundform umwickeln Sie jetzt mit Heu.

④ Im nächsten Schritt binden Sie durch kreuzweise Drahtwicklungen über Bauch und Schulter die Arme am Rücken an. Diese entstehen aus einem entsprechend dimensionierten Heustrang, der an den Enden rund

umgebogen und beim Abbinden nach Wunsch geformt wird. Bei der Hälfte der Länge drücken Sie den Wulst etwas platt, damit dieser Bereich besser am Rücken anliegt. Damit eine gerade Rückenfläche entsteht, sollten Sie die Wicklungen nochmals mit etwas Heu auspolstern.

⑤ Die Beine werden einzeln aus einem Heustrang in entsprechender Länge und Dicke angefertigt und fest mit Draht umwickelt. Den vorderen Abschnitt beim Wickeln als Fuß nach oben biegen, nach einer weiteren Strecke die Knie nach außen biegen. Am Ende lassen Sie jeweils ein Büschel Heu überstehen. Nun werden beide Beine an dieser Stelle zusammengebunden. Aus dem überstehenden Heu rollen und wickeln Sie ein kugeliges Schwänzchen.

⑥ Setzen Sie nun den Oberkörper auf die Beine. Auch diese werden durch kreuzweise Drahtwicklungen über Bauch und Rücken am Rumpf festgemacht – bis der Hase stabil sitzt.

⑨ Abschließend das Gesicht ausgestalten und die Figur mit dem gewünschten Dekor und zusätzlichen Ausstattungsstücken versehen.

⑦ Mit Hilfe der Vorlage im Buch schneiden Sie für die Ohren eine Schablone aus dünner Pappe (Karton) aus. Diese mit Heu und dünnem Draht umwickeln und zum Schluß – wie immer – überstehendes Heu mit der Schere abschneiden. Die Ohren können Sie beim Wickeln, aber auch später noch, nach Wunsch in Form biegen.

⑧ Zur Befestigung werden am Hinterkopf zwei Löcher gebohrt, in die Sie die »Hasenlöffel« einkleben.

11

MODELLIEREN MIT MASCHENDRAHT

Eine einfache Methode zum Modellieren größerer und großer Objekte ist Maschendraht. Durch Formen und Verbiegen erstellen Sie damit schnell und unkompliziert das Grundgerüst für das Modell, das anschließend mit Zeitungspapier noch zusätzlich ausgesteift wird. Das Grundprinzip wird hier am Beispiel des Hahnes von Seite 52 demonstriert.

Hahn
(s. auch Seite 52)

② Die Spitze wird mit der Hand zum Kopf zusammengedrückt und geformt, nach unten hin bilden Sie mit beiden Händen den leicht gebogenen Hals aus. Nach etwa 30 cm drücken Sie von innen eine Rundung für Brust und Bauch nach außen und bilden an der Oberseite bei etwa 20 cm einen Knick; hier ist der Hals zu Ende, und es beginnt der leicht nach oben gebogene Rücken. Das Gerüst an der offenen Kante gut schließen und den Körper noch entsprechend in Form biegen.

Zum Schluß den ausgestopften Körper schließen, indem Sie den Maschendraht am Schwanzende zusammendrücken und zu einer flachen, breiteren Spitze ausformen.

④ Beginnend am Kopf werden am Grundgerüst jetzt nach und nach ringsum Heubüschel angelegt, die Sie immer wieder mit Draht festbinden. Auf diese Weise den ganzen Körper mit Heu umwickeln.

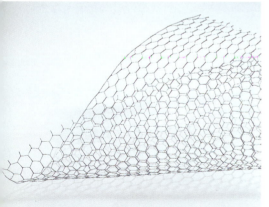

① Rollen Sie das 50 x 60 cm große Maschendrahtstück von zwei diagonal einander gegenüberliegenden Ecken her zu einer Spitztüte zusammen.

③ Nun füllen Sie den Hohlraum von der noch offenen Schwanzseite her mit Zeitungspapier aus. Um dabei in den schmalen Hals zu gelangen, ist ein Kochlöffel sehr hilfreich, mit dem Sie das Papier nachschieben können.

⑤ Augen, Kamm, Kehllappen (Vorlagen s. Seite 55, zur Anfertigung s. Seite 52) und die geschnitzten Schnabelteile mit der Heißklebepistole am Kopf befestigen und einen Bund Seegras als Schwanz einkleben.

13

⑥ Für die perfekte Form sorgt zum Schluß der Rundum-Schnitt mit der Schere.

Fridolin mit Glocke

Zwei stramme Gesellen, die sich für Ostern extra hübsch gemacht haben. Bei der größeren Variante kann neben weiteren reizvollen Details auch gleich das Osternest im Korb mit »eingebaut« werden.

Das wird gebraucht

(Kleiner Hase)
Heu
dünne Pappe
Zeitungspapier
grüner Bindedraht, 0,6 mm
dünnerer Bindedraht (Ohren)
silberner Bindedraht, 0,3 mm (Brille)
braune Glasaugen, Ø 18 mm
dünner Karton, weiß (Zähne)
schwarzer Filzrest (Schnauze)
Band
Glöckchen

Körpermaße

Kopf	12 cm lang, 8 cm breit (Eiform)
Ohren	s. Vorlage, Seite 53
Rumpf	16 cm lang, 10 cm breit
Arme	36 cm lang, Ø 4 cm breit
Bein	32 cm lang, Ø 4 cm breit
Füße	7 cm lang
Knie	etwa bei der Hälfte der Beinhöhe

So wird's gemacht

Den Körper des Hasen fertigen Sie nach der Grundanleitung (s. Seite 10/11) aus mehreren Einzelteilen an. Jetzt fehlen nur noch die Details im Gesicht:
Für die Schnauze einen etwa 0,5 cm dicken und 15 cm langen Heustrang ausstreifen und diesen in der Mitte verknoten. Danach die Barthaare an den Enden gleichmäßig abschneiden und die Schnauze ankleben. Auf den Knoten einen runden Filzfleck und unterhalb der Schnauze die Hasenzähne festkleben (s. Vorlage Seite 53). Die Brille entsteht, indem Sie einen runden Gegenstand mit etwa 2,5 cm Durchmesser (z. B. einen Klebestift) viermal mit silbernem Draht umwickeln; die letzte Wicklung spiralförmig um die anderen legen und den Draht abzwicken. Bei einem der beiden Brillengläser am Ende ein 15 cm langes Drahtstück überstehen lassen; daraus bilden Sie den Verbindungssteg, mit dem beide Teile zusammengebunden werden (s. Zeichnung).

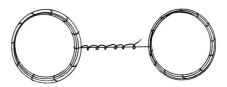

Augen und Brille aufkleben. Zum Schluß hängen Sie das Glöckchen mit Draht am Draht des Ohres ein und binden um den Hals die Schleife.

16

Das wird gebraucht
(Großer Hase)
Heu
dünne Pappe
Zeitungspapier
grüner Bindedraht, 0,6 mm
dünnerer Bindedraht (Ohren)
roter Bindedraht, 0,3 mm (Brille)
Steckdraht
braune Glasaugen, Ø 18 mm
dünner Karton, weiß (Zähne)
schwarzer Filzrest (Schnauze)
schmales und breites Band
Glöckchen
Weidenkörbchen,
etwa 16 x 13 x 9 cm
elastisches Leder- oder Veloursband, 2,5 cm breit, 90 cm lang
etwas Moos als Füllung
gelber Bast
2 rote Holzperlen

Körpermaße
Kopf	16 cm lang, 11 cm breit (Eiform)
Ohren	s. Vorlage Seite 54
Rumpf	23 cm lang, 14 cm breit
Arme	52 cm lang, 5 cm breit
Bein	38 cm lang, 4 cm breit

So wird's gemacht
Gebastelt wird Groß-Fridolin genauso wie sein kleiner Kollege (s. Grundanleitung Seite 10/11 für den Körper), lediglich der Schmuck fällt etwas üppiger aus: Binden Sie aus dem breiten Band eine doppelte Schleife, die mit dem schmalen Geschenkbändchen am Hals befestigt wird. Auch um die Fesseln eine Schleife aus mehrfach gelegtem Bast binden; über dem Knoten in der Mitte wird jeweils eine Holzperle festgeklebt.
Für die Schulterriemen des Weidenkörbchens schneiden Sie das Band in zwei Teile. Die Enden kleben Sie über den hinteren Rand des Körbchens im Inneren fest; dann werden die Bänder an der Rückseite über Kreuz gelegt, verknotet und unten am Korb wieder festgeklebt. Schlingen Sie die Riemen von unten um die Arme des Hasen und befestigen Sie sie zum Schluß wieder am Körbchen; dies geschieht am besten mit Heißkleber und zwei u-förmig gebogenen Steckdrähten.

Meister Lampe im Gebüsch

Im Flur oder Hauseingang oder in einer gemütlichen Zimmerecke ist dieser Hasenbesuch »goldrichtig«. Der Reisigbesen als Versteck erspart Ihnen die Präsentation des Körpers.

Das wird gebraucht
Heu
Zeitungspapier
dünne Pappe
dünner und dicker Bindedraht
braune Glasaugen, Ø 2 cm
dünner Karton, weiß (Zähne)
schwarzer Filzrest (Schnauze)
Sisalrest bzw. Rest Macraméeoder Knüpfseil (Barthaare)
2 m buntes Schleifenband,
4 cm breit
1 m orangefarbenes Juteband,
10 cm breit
30 cm grünes Juteband,
10 cm breit
2 m grüne Kordel
1 Holzscheibe, Ø 22 cm,
5 cm dick (Standplatte)
1 langer, kräftiger Nagel
1 Reisigbesen, 65 cm hoch
1 Rundholzstab, Ø 1 cm,
75 cm lang
4 Holzblumen
2 Deko-Karotten
Weidenkörbchen, 16 x 13 x 9 cm
braunes Leder- oder Veloursband,
2,5 cm breit (Riemen)

Körpermaße	
Kopf	22 cm hoch, oben 11 cm, unten 14 cm breit
Ohren	s. Vorlage Seite 53
Pfoten	18 cm lang, 5 cm breit
Schwänz-chen	21 cm lang, 10 cm breit

So wird's gemacht

Aus Zeitungspapier formen Sie einen birnförmigen Kopf; dabei den oberen Teil als Ball ausbilden (Durchmesser etwa 10 cm), diesen nochmals mit glattem Zeitungspapier umwickeln und das überstehende Papier unten nun länglich-quer umwickeln. Anschließend die Kopfform mit Heu »einkleiden«. Beim Abbinden am Halsansatz lassen Sie Heubüschel von etwa 20 cm Länge überstehen und nehmen außerdem noch etwas Heu hinzu, so daß eine üppige »Halskrause« entsteht.

Die Ohren nach der Vorlage auf Seite 53 aus Pappe ausschneiden, ringsum mit Heu bekleben und mit dünnem Draht umwickeln. Sie werden am Hinterkopf eingeklebt und zusätzlich mit u-förmig gebogenen Klammern aus Steckdraht gesichert (zur Anfertigung s. auch Grundanleitung Seite 10/11).

Als Schnauze formen Sie aus einem Heubüschel eine Kugel mit etwa 4 cm Durchmesser und umwickeln sie mit Draht. Für die Barthaare den Sisal- oder Seilrest ausfransen, in der Mitte mit Draht abbinden, auf die Schnauze kleben und darüber die Filznase kleben. An der Unterseite der Schnauze die Zähne (s. Vorlage Seite 53) festkleben. Augen nicht vergessen!

Stecken Sie nun den Stab von unten in den fertigen Hasenkopf; zum zusätzlichen Halt wird er dort eingeklebt. Anschließend den Stab in den Reisigbesen stecken; um diesen dann auf der Standplatte zu befestigen, schlagen Sie den Nagel von unten durch die Mitte der Holzscheibe. Jetzt fehlen noch zwei gebogene Pfötchen, die Sie jeweils aus einem 5 cm breiten Heustrang binden und mit Draht im Besen festmachen. Das freche Stummelschwänzchen wird aus einem üppigen Heubüschel am Ende kugelig gewickelt, seitlich in den Besen geklebt und mit Steckdraht befestigt.

Mit der Kordel binden Sie »Meister Lampe« die beiden üppigen Schleifen um den Hals und befestigen am Kordelende die Holzblumen. Diese können aber auch einfach in den Reisigbesen gesteckt werden.

Den Besen unten mit grünem Juteband umwickeln, die Holzscheibe mit Moos bekleben und die Karotten anbringen. Zum Schluß kleben Sie in dem Weidenkörbchen noch zwei Riemen fest; sie werden im Besen eingehängt oder festgeklebt.

18

Kasimir der Lässige

Nach all dem Osterstreß dürfen Hasen auch einmal faul sein und leiblichen Genüssen frönen… Die dazu gehörige »lässige« Haltung ist durch entsprechendes Biegen und Verformen ganz leicht herzustellen.

Das wird gebraucht

Heu
dünne Pappe (Ohren)
Zeitungspapier
dickerer Bindedraht
und dünner (Ohren)
goldener Plombendraht,
1,0 mm dick, 25 cm lang (Brille)
braune Glasaugen, Ø 18 mm
dünner Karton, weiß (Zähne)
schwarzer Leder- oder Filzrest
(Schnauze)
Schleifenband
Tonkarotte mit Holzstab
Karottengrün und einige Gräser

Körpermaße

Kopf   12 cm lang, 8 cm breit (Eiform)
Ohren   s. Vorlage, Seite 53
Rumpf   16 cm lang, 10 cm breit
Arme   44 cm lang, 4 cm dick
Bein   32 cm lang, 4 cm dick

So wird's gemacht

Für Kopf und Rumpf eine Grundform aus Zeitungspapier vorfertigen, die Sie mit Heu umwickeln. Die Arme werden aus mehreren aneinander- und übereinandergebundenen Heubüscheln gebildet. Biegen Sie dabei den Strang 10 cm nach der Hälfte jeweils für den Ellbogen nach innen; nach weiteren 10 cm abwinkeln für die Pfote.
Die Arme hinter dem Rücken anlegen und durch kreuzförmige Wicklungen um den Rumpf befestigen (s. Grundanleitung Seite 10/11).
Entsprechend werden die Beine, beginnend am Fuß und jeweils einzeln, geformt. Für den Fuß knicken Sie den Strang nach einer Strecke von 7 cm nach oben; nach weiteren 12 cm das Knie einmal nach außen, einmal nach oben herausbiegen. Bei der gewünschten Länge von 32 cm biegen Sie das überstehende Heu an beiden Beinen nach vorn um und bilden daraus das runde Schwänzchen (s. Grundanleitung Seite 10). Über das Schwänzchen werden die Beine zusammengedrahtet.

Tip

Verwenden Sie zum Binden der Arme und Beine etwa 10 cm lange und 4 cm dicke Heubüschel; dann jeweils eine Menge, die Sie mit Daumen und Zeigefinger einer Hand umgreifen können, abbinden und immer wieder Heu dazunehmen. Den Strang nicht zu fest binden, damit man ihn noch knikken und in Form bringen kann.

Stellen Sie nun den Körper mit Ohren, wie in der Grundanleitung Seite 10/11 beschrieben, fertig. Das Gesicht mit Brille gestalten (s. Seite 15), die Schleife um den Hals binden und zum Schluß die Karotte mit den Gräsern anbringen. Dazu durch eine der Pfoten an passender Stelle mit der Schere ein Loch bohren.

Hasenfamilie Klecks

Bei der emsigen Hasenfamilie basiert die Anfertigung natürlich auf demselben Prinzip. Verschiedene Größen und Variation in den Details machen den Reiz des »Ensembles« aus.

Das wird gebraucht

Heu
Zeitungspapier
dünne Pappe (Ohren)
dünner Bindedraht, grün
Steckdraht
braune Glasaugen, Ø 12 und 18 mm
schwarzer Filz- oder Lederrest (Schnauze)
diverse Accessoires, wie Schleifenband, Stoffstreifen als Halstuch, Pinsel, kleines Stofftuch und ausgeblasenes, bemaltes Ei

Körpermaße
(Hase mit Pinsel)

Kopf	11 cm lang, 8 cm breit, 8 cm hoch (Eiform)
Ohren	s. Vorlage Seite 54 bzw. 53 (kleiner Hase)
Rumpf	16 cm hoch, 9 cm breit, 9 cm dick
Arme	15 cm lang, 3 cm breit
Füße	15 cm lang, 4 cm breit
Schwänzchen	Ø 4 cm

So wird's gemacht

Bilden Sie Kopf und Körper aus Zeitungspapier und umwickeln Sie

21

Tip
*Mit den angegebenen Maßen als Richtwert können Sie die Größe der jeweiligen »Familienmitglieder« selbst bestimmen.
Der Körper sollte von der Seite betrachtet immer annähernd die doppelte Höhe des Kopfes haben.*

diese Grundform mit Heu und Bindedraht (zur Technik s. Grundanleitung Seite 10/11). Für die flachen Füße wird ein plattgedrückter Strang Zeitungspapier mit Heu umwickelt. Mit u-förmig gebogenen Klammern aus Steckdraht stecken Sie die Füße an der Unterseite des Körpers fest; zusätzlich festkleben. Die Arme werden jeweils aus einem Heustrang gebunden und vorne zu Pfötchen gebogen; zur Befestigung am Rücken festkleben und mit Draht anstecken. Ohren wie beschrieben anfertigen und am Kopf festmachen (s. Seite 11). Fehlt noch das Stummelschwänzchen: Streifen Sie dazu einen 15 cm langen Heustrang glatt und wickeln Sie diesen um den Zeigefinger auf; kugelig abbinden, ein kleines Stück Heu überstehen lassen und damit das Schwänzchen am Hinterteil einkleben.

Das Gesicht entsteht aus aufgeklebten Augen, dem Schnurrbart (zur Anfertigung s. Seite 15), der aufgeklebten Nase und buschigen Augenbrauen. Für diese umwickeln Sie einen dünnen Heustrang mit Draht, schneiden die Enden entsprechend zu und kleben die Brauen schließlich mit dem kurzen Ende über den Augen fest. Bunte Schleifen und eine fröhliche Ausstattung sorgen für das »Tüpfelchen auf dem i«.

22

Stallhasen auf Rädern

Ein nahezu gleichwertiger Ersatz für den echten Hasen dürften diese »anhänglichen« Zeitgenossen auf Rädern sein. Da beim Binden die Beine entfallen, sind sie schnell auf den Weg gebracht und bei Bedarf auch leicht wieder zu ersetzen.

Das wird gebraucht

(Großer Hase)
Heu
Zeitungspapier
dünne Pappe
dünner Bindedraht
Steckdraht
braune Glasaugen, Ø 12 mm
schwarzer Filzrest (Schnauze)
70 cm Schleifenband
4 Birkenscheiben, Ø 5 cm,
1,5 cm dick (Räder)
2 Vierkanthölzchen, 8 cm lang
(Achsen), z. B. von der Bindedrahtrolle

Körpermaße
Kopf   10 cm lang, 7 cm breit
       (Eiform)
Ohren s. Vorlage, Seite 53
Rumpf 19 cm lang,
       11 cm hoch

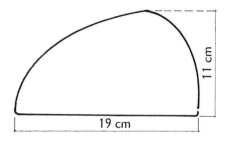

So wird's gemacht

Aus einer Zeitungsseite formen Sie den Kopf in der Größe eines Hühnereis; vorne an der Schnauze liegt die Spitze, am Hinterkopf die Rundung. Anschließend die Grundform mit Heu und dünnem Bindedraht umwickeln.
Auch den Rumpf aus zwei Doppelseiten Zeitung eiförmig ausbilden; nach vorne hin verjüngt sich die Form, die Fläche an der Unterseite wird eben angelegt (s. Zeichnung). Wieder ringsum mit Heu abbinden. Den Kopf mit Steckdraht im Winkel auf den Körper stecken und ankleben. Anschließend bekleben Sie die nach der Vorlage (s. Seite 53) aus Pappe ausgeschnittenen Ohren mit Heu und umwickeln sie mit Bindedraht. Seitlich am Kopf Löcher bohren und die Ohren »angelegt« einkleben.
Aus einem um den Finger gerollten Heubüschel ein rundes Schwänzchen binden, etwas Heu überstehen lassen und mit diesem Fortsatz in einem entsprechend vorgebohrten Loch einkleben. Die Achsen kleben Sie jeweils mittig zwischen zwei Räder und setzen den Hasen dann auf die Räderpaare. Mit u-förmig gebogenem Steckdraht werden die Achsen nun an der Unterseite befestigt und zusätzlich festgeklebt.
Augen und Schnurrbart mit Filznase (Anleitung s. Seite 15) aufkleben und die Schleife um den Hals binden.

Das wird gebraucht

(Kleiner Hase)

Heu
Zeitungspapier
dünne Pappe
dünner Bindedraht, 0,3 mm
Steckdraht
braune Glasaugen, Ø 8 mm
schwarzer Filzrest (Schnauze)
40 cm schmales Schleifenband
4 Birkenscheiben, Ø 2,5 cm,
5 mm dick (Räder)
2 Bambusstäbchen, Ø 6 mm,
6 cm lang (Achsen)

Körpermaße

Kopf	5 cm lang, 4 cm breit (Eiform)
Ohren	s. Vorlage, Seite 53
Rumpf	10 cm lang, 6 cm hoch

So wird's gemacht

Den kleinen Hasen fertigen Sie genau wie den großen Bruder an.

Fertigstellen

Das wird gebraucht

70 cm farbige Kordel
10 bunte Holzperlen
1 Schellenglöckchen, Ø 11 mm

So wird's gemacht

Sind beide Hasen in voller Schönheit ausgearbeitet, bilden Sie an einem Ende eines Kordelstücks eine Schlaufe und hängen diese am Schwänzchen des großen Hasen ein. Einige Holzperlen auffädeln, am anderen Ende verknoten und den Knoten vor der Vorderachse des kleinen Hasen feststecken und -kleben.

Das zweite, längere Kordelstück mit mehreren Knoten und Holzperlen versehen und zusammen mit der Schelle um den Hals des »Vorderhasen« binden.

Selbstverständlich kann der »Zug« um weitere Mitglieder verlängert werden.

Malermeister Felix

Ziemlich frech wirkt dieses Osterhasen-Exemplar, das mit der Arbeit offensichtlich nicht ganz nachgekommen ist. Weil alles sich nur noch ums Ei dreht, hat auch die Brille schon entsprechende Form angenommen…

Das wird gebraucht

Heu
Zeitungspapier
dünne Pappe
starker Draht, 60 cm lang,
Ø etwa 4 mm (Beingestell)
dünner Bindedraht, grün
blauer Bindedraht (Brille)
Steckdraht
braune Glasaugen, Ø 18 mm
dünner Karton, weiß (Zähne)
schwarzer Filz- oder Lederrest (Schnauze)
kleiner Blecheimer, Ø 8 cm
alter Pinsel
blaues Farbspray
buntes Halstuch, 40 x 40 cm
Stoffstreifen aus gleichem Stoff, 25 x 4 cm (Fußbänder)

Körpermaße

Kopf	12 cm lang, 9 cm breit, 10 cm hoch (Eiform)
Ohren	s. Vorlage Seite 54
Rumpf	15 cm hoch, 12 cm breit, 12 cm dick
Arme	37 cm lang, 3-4 cm dick
Beine	11 cm lang, Ø 3 cm
Füße	9 cm lang, maximal 5 cm breit
Schwänzchen	Ø 4 cm

So wird's gemacht

Biegen Sie aus starkem Draht mit der Zange ein Gestell für die Füße und Beine (s. Zeichnung). Dieses Grundgerüst wird mit Heu und feinem

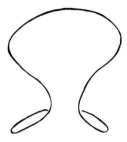

Draht umwickelt. Anschließend werden Kopf und Rumpf aus Zeitungspapier und Heu gebildet und die Arme als durchgehender Strang mit entsprechenden Biegungen angefertigt. Arme wie beschrieben am Rücken andrahten und den Oberkörper auf das Fußgestell setzen (zu diesen Schritten s. Grundanleitung Seite 10). Mit über Kreuz gewickeltem Draht verbinden Sie nun den Oberkörper mit dem Untergestell und bringen zusätzlich noch etwas Heu über den Bindestellen an. Damit der fleißige Malermeister auch sicher steht, müssen Sie die Beine eventuell noch etwas verbiegen und so den ganzen Körper ins Gleichgewicht bringen. Abschließend überstehendes Heu mit der Schere zuschneiden.
Nun werden noch die nach Vorlage (s. Seite 54) zugeschnittenen und mit Heu umwickelten Ohren sowie das kugelig gebundene Schwänzchen eingeklebt.
Geben Sie Ihrem »Maler« mit aufgeklebten Augen, Barthaaren, Schnauze, Hasenzähnen (s. Vorlage Seite 53) und eiförmig gebogener Brille (zur Anfertigung dieser Teile s. Seite 15) ein pfiffiges Gesicht. Jetzt fehlt nur noch das Arbeitsgerät: Den Pinsel an einer Pfote festkleben, den stellenweise blau besprühten Eimer mit u-förmig gebogenem Steckdraht an der anderen befestigen. Für die angemessene Kleidung sorgen das umgebundene Halstuch und die festgeknoteten Fußbänder.

26

Ostern im Blick: Fenster und Tür

Fröhliche Heu-Eier

Für »Heu-Anfänger« ideal geeignet sind diese reizvollen Eier, die genauso einfach anzufertigen wie vielseitig sind: Ob am Fenster, an der Tür oder vielleicht auch am Gartenzaun – überall verbreiten sie eine frühlingshafte Osterbotschaft.

Das wird gebraucht
Heu
dünne Pappe
dünner Bindedraht
Steckdraht
1 m farbiges Band
Osterglocken, Palmkätzchen- und Frühlingszweige
Deko-Material, wie Holzblumen, -schmetterlinge, -bienen und -käfer

So wird's gemacht

Schneiden Sie nach der Vorlage auf Seite 54 die Grundform für die Heu-Eier aus Pappe zu; das Papp-Ei anschließend mit Heu und Bindedraht umwickeln (s. Grundanleitung Seite 9).
Um den »Bauch« des Eies binden Sie nun das Band mit Schleife. Dort können die Sträußchen aus Zweigen und Osterglocken festgesteckt werden. Weitere Dekorationselemente kleben Sie ganz nach Wunsch auf der verbleibenden Fläche fest.
Mit einer Drahtschlinge an der Rückseite lassen sich die Eier auf einfache Weise an der gewünschten Stelle aufhängen.

Hasen-Triangel

Ein erstaunter Blick aus dem Geäst – so kommt der Osterhase auf dekorative Weise und dezent in Ihr Zuhause.

Das wird gebraucht
Heu
Wellpappe
dünner Bindedraht, grün
Sektkorken, Ø 3 cm
3 schwarze Filzpunkte, Ø 2,3 cm (Augen und Schnauze)
dünner Karton, weiß (Zähne)
3 Haselruten, je 55 cm lang, Ø etwa 1 cm
gelber, orangefarbener, grüner Bast
Efeuzweige
2 Holzblumen und Holzblätter
2 Eier aus Naturmaterial (Bastelbedarf)
1 Deko-Karotte
3 Steckzwiebeln
getrocknete Blumen und Beeren
50 cm passendes Band

So wird's gemacht

Schneiden Sie den Hasenkopf nach der Vorlage (s. Seite 56) aus Wellpappe und umwickeln Sie ihn mit Heu und Bindedraht (s. Schablonentechnik, Seite 9). Unter dem Kinn ziehen Sie den Draht zusammen und lassen das Heu als »Halskrause« etwa 16 cm lang buschig abstehen. Anschließend ringsum mit der Schere glattschneiden. Nun werden für die Augen zwei etwa 8 mm dicke Scheiben aus dem Sektkorken zugeschnitten und mit Filzpunkten beklebt. Die Barthaare entstehen aus einem dünnen, in der Mitte verknoteten Heustrang (dazu s. Seite 15); darüber den dritten Filzpunkt als Nase und unten die Zähne ankleben (s. Vorlage Seite 53). Um den Hals binden Sie dem feschen Hasen eine üppige Schleife.

Mit Heißkleber und Bast fertigen Sie aus den Haselnußzweigen das dreieckige Grundgerüst; denken Sie dabei an der Oberkante auch gleich an eine Aufhängeschlaufe. Nun wird der Hasenkopf mit Draht und Kleb-

stoff angebracht, und anschließend können Sie darangehen, das Gerüst nach Lust und Laune zu dekorieren: Befestigen Sie die einzelnen Elemente mit Heißkleber, Draht und Bast und schlingen Sie zum Schluß die Efeuzweige um die Äste.

Türwächter Kunibert

Aufmerksam und streng sieht er drein... Aber als Türwächter mit gewichtigen Aufgaben und Glocke ist das ein Muß.

Das wird gebraucht

Heu
Wellpappe
dünner Bindedraht, grün
Steckdraht
dünner Karton, weiß (Zähne)
20 cm Sisal oder Macraméeseil (Barthaare)
schwarzer Filzrest (Nase)
weißer Filzrest (Augen)
2 braune Glasaugen, Ø 18 mm
Pfeifenputzerstäbchen (Brille)
schwarze und blaue Farbe
2 m blaues Papierband, 10 cm breit
1 m buntes Schleifenband, 3,5 cm breit
2 m farbige Kordel
1 Glöckchen
1 Holzbiene
3 Osterglocken
Palmkätzchen- und Buchszweige
1 Holzei

So wird's gemacht

Schneiden Sie den Hasenkopf nach der Vorlage (s. Seite 56) aus Wellpappe aus und umwickeln Sie die Grundform mit Heu und Bindedraht; am Halsansatz lassen Sie die Heubüschel etwa 20 cm überstehen. Ein Ohr knicken Sie nach vorne und biegen es, während Sie es mit Heu umwickeln. Nach Fertigstellung wird es mit einem Steckdraht zur Stirn hin in seiner Position fixiert. Für die Schnauze mit Barthaaren streifen Sie einen 22 cm langen und 2 cm breiten Heustrang glatt; diesen in der Mitte mit etwas Heu umwickeln und abbinden. Sisal oder Schnur ausfransen, aufkleben und den schwarzen Filzpunkt (Durchmesser 2 cm) darüberkleben. Wenn die fertige Schnauze im Gesicht befestigt ist, kleben Sie darunter die Hasenzähne (s. Vorlage Seite 56) fest. Die Augen schneiden Sie nach der Vorlage (s. Seite 56) aus weißem Filz aus und bringen darüber die Glaspupillen an; sie werden zusätzlich schwarz umrandet. Um das Gesicht zu vervollständigen, kleben Sie außerdem die aus dem Pfeifenputzerstäbchen geformte und blau bemalte Brille sowie zwei buschige Augenbrauen auf (zur Anfertigung s. Seite 15 und 21). Das Glöckchen mit Kordel im einen Ohr anbringen (dazu ein Loch durch die Ohrspitze stechen), auf dem anderen Ohr wird die Holzbiene aufgeklebt.

Aus dem Papierband fertigen Sie nun eine üppige doppelte Schleife. Markieren Sie dazu die Mitte des Bandes und legen Sie zunächst auf beiden Seiten eine große Schlaufe. Aus dieser bilden Sie nun jeweils eine zweite, indem Sie die Schlaufe an der Seite zur Mitte hin einknicken – und zwar so, daß die unten liegenden Schlaufen etwa 2 cm länger sind als die oberen (s. Zeichnung). Die unteren Schlaufen werden nun am mittigen Knick quer abgebunden; danach die beiden darüberliegenden Schlaufen in der Schleifenmitte mit Draht abbinden und die Bandenden schräg zuschneiden.

Über der Papierschleife befestigen Sie jetzt noch eine Schleife aus buntem Band und die Kordel mit dem festgeknoteten Holzei. Mit Bindedraht zum Schluß noch kleine Büschel aus Buchszweigen, Osterglocken und Palmkätzchen daran festmachen. Als Aufhängung dient eine Schlinge aus Steckdraht an der Rückseite des Hasenkopfes.

Reisigei mit »Fenstergucker«

In diesem frühlingshaften Kranzgebinde sind zwei Osterzeichen vereint: das Ei und der Hasenkopf. Bei der Dekoration läßt sich nach Herzenslust variieren.

Das wird gebraucht

Birkenreisig
Heu
dünner Ast, 42 cm lang, Ø 8 mm
brauner Bindedraht
dünner Bindedraht, grün
Zeitungspapier
dünne Pappe (Ohren)
2 braune Glasaugen, Ø 12 mm
dünner Karton, weiß (Zähne)
schwarzer Filzrest (Nase)
roter Bindedraht (Brille)
50 cm Schleifenband,
2,5 cm breit
kleines Peddigrohrkörbchen
(Bastelgeschäft)
diverses Füllmaterial für das
Körbchen, z. B. Steckzwiebeln,
Bucheckern, Nüsse, getrocknete
Mohnkapseln, Hagebutten u. ä.
2 braune Leder- oder Veloursstreifen, je 15 cm lang, 1 cm breit
(Korbriemen)
3 kleine Holzeier
2 größere Holzeier
1 Holzbiene
1 Marienkäfer aus Holz
gelber und grüner Bast
Buchszweige

Körpermaße
Kopf   13 cm lang, 9 cm breit
        (Eiform)
Ohren   s. Vorlage Seite 53

So wird's gemacht

Zunächst winden Sie aus dem Birkenreisig einen eiförmigen Kranz mit 40 cm Höhe und 28 cm Breite (Durchmesser etwa 4 cm) und umwickeln ihn mit dem braunen Bindedraht. Dann wird der Hasenkopf mit der »Halskrause« aus Heu angefertigt (zur Technik s. Grundanleitung Seite 10/11). Die Ohren schneiden Sie nach der Vorlage (s. Seite 53) aus Pappe aus, umwickeln sie mit Heu und Draht und kleben sie am Hinterkopf ein. Augen festkleben, Schnauze mit Barthaaren, Filznase, Zähne (s. Vorlage Seite 53) und Brille anbringen (zur Anfertigung dieser Teile s. Seite 15). Nun wird schräg über das Reisigei der Ast gelegt und mit Bindedraht befestigt. An diesem Querstab binden Sie, zusammen mit dem Halsband, den Hasenkopf fest und kleben zusätzlich das rechte Ohr am Kranz an. Am linken Astende unten befestigen Sie mit Heißkleber das vorher mit den Riemen ausstaffierte und fertig dekorierte Körbchen. Die rechte Hälfte des Reisigeis mit dem Bast in zwei Farben umwickeln und unten eine üppige Schleife binden. Links oben befestigen Sie mit Band oder Bast die beiden Holzeier. Abschließend noch in der linken Hälfte Buchszweige zwischen das Reisig stecken; sie werden außerdem an einigen Stellen festgeklebt.

31

32

Hasenschaukel

Dieser originelle Ostergruß in leuchtenden Gelb-, Rot- und Grüntönen wirkt am besten als »Freischwinger«. Mit etwas Fleiß können Sie durch ergänzende Elemente auch ein Mobile daraus gestalten.

Das wird gebraucht

*Heu
Zeitungspapier
Holzkleiderbügel
(ohne Aufhänger)
dünner und dicker Bindedraht
Steckdraht
dünne Pappe (Ohren)
2 grüne Glasaugen, Ø 8 mm
dünner Karton, weiß (Zähne)
roter Draht (Brille)
2 m österliches Band, 4 cm breit
(Aufhängung)
40 cm Schleifenband, 2,5 cm breit
Osterglocken, rote Blümchen,
Gräser, Buchszweige
3 ausgeblasene, farbige Eier
passende Kordel*

Körpermaße

Kopf	6 cm lang, 5 cm breit (Eiform)
Ohren	s. Vorlage Seite 53
Körper	12 cm lang, 8 cm breit
Arme	24 cm lang, Ø 2 cm
Bein	20 cm lang, Ø 2,5 cm

So wird's gemacht

Den Kleiderbügel umwickeln Sie so mit Zeitungspapier und Draht, daß in der Mitte eine dickere Stelle entsteht. Zu den Seiten hin verjüngt sich die Form immer mehr und läuft am Ende spitz aus; es entsteht also insgesamt eine schmale Mondsichel. Dieses Grundgerüst wird nun mit Heu und Bindedraht umwickelt; anschließend binden Sie an beiden Enden des breiten Bandes eine Schleife und stecken diese mit Steckdraht an den Schaukelenden fest. Jetzt modellieren Sie Kopf und Körper des Hasen aus Zeitungspapier, umwickeln die Grundform mit Heu und bringen zunächst die nur aus Heu gebundenen Arme, dann jeweils die Beine am Körper an (s. Grundanleitung Seite 10). Die Ohren nach der Vorlage auf Seite 53 aus Pappe ausschneiden, mit Heu bekleben und dünnem Draht umwickeln und anschließend am Kopf einkleben (s. auch Seite 11). Schnauze mit Hasenzähnen ankleben (zur Anfertigung dieser Teile s. Seite 15 und 53), Augen befestigen, die Drahtbrille wickeln (Anleitung s. Seite 15) und über der Nase festkleben. Nun fehlt noch die Schleife um den Hals, und Sie können den Hasen lässig auf seine Schaukel setzen. Dort wird er mit Steckdraht befestigt.

Damit die Hasenschaukel ihr frühlingshaft-österliches Flair gewinnt, stecken und kleben Sie nun noch die Blumen und Buchszweige fest. Als Hintergrund einen Strauß aus Blümchen und Gräsern binden und an der Rückseite der Schaukel befestigen. Die Eier bekommen eine Kordel-Aufhängung und werden damit am »Sitzmond« festgesteckt. Sie können sie aber auch direkt mit Heißkleber anbringen.

Österlicher Türkranz

Der klassische Kranz – aber diesmal mit Heu und einem Dekor in leuchtenden Farben. Mit frischen Zweigen und den fleißigen Bienchen gewinnt das Arrangement ein zauberhaftes Frühlingsflair.

Das wird gebraucht

*1 Strohring, Ø 25 cm
Heu
Buchs-, Palmkätzchen- und Efeuzweige
dicker Bindedraht
Steckdraht
Bänder in bunten Frühlingsfarben,
je 1 m lang
3 farbige Holztulpen mit Blättern
1 Marienkäfer aus Holz*

So wird's gemacht

Den Strohring mit Heu umwickeln, indem Sie Heubüschel neben- und übereinander anlegen und schichtweise am Kranz festbinden (vgl. Mähne Schaukelpferd, Seite 41). Danach wird der Kranz mit der Schere in Form gebracht.

Als Dekor binden Sie aus den Bändern eine üppige Schleife, die unten am Ring festgesteckt wird, genauso wie die Holztulpen.

Die Palmkätzchen- und Buchszweige mal locker verteilt, mal büschelweise in den Kranz kleben und mit Steckdraht seitlich die Efeuzweige als Bogen anbringen. Damit auch die »Tierwelt« nicht zu kurz kommt, stecken Sie zum Schluß noch den kleinen Marienkäfer und die beiden aus Heu angefertigten Bienchen (s. nachfolgende Anleitung) auf.

Honigbienen

Das wird gebraucht

Heu
Pappe
dünner Bindedraht
feine Goldkordel (Fühler)
gelborangefarbene Kordel
20 cm gelborangefarbenes
Gitterband, 4 cm breit

So wird's gemacht

Schneiden Sie nach der Vorlage auf Seite 54 den Bienenkörper aus Pappe aus. Er wird dick mit Heu und Bindedraht umwickelt (s. Schablonentechnik Seite 9). Anschließend kleben Sie, beginnend an der Schwanzspitze, spiralförmig die Kordel rings um den Körper auf. Die am Ende verknoteten, etwa 1 cm langen Fühler aus Goldkordel in den Kopf kleben und zum Schluß die filigranen Flügel anbringen. Dazu binden Sie jeweils 10 cm des Gitterbands mit Bindedraht zu einer Schlaufe und kleben die Flügel mit dem Drahtende im Körper fest.

Osterglocken-Strauß

Der Strauß aus gold-gelben Heu-Osterglocken und frischem Grün bringt nach den Wintertagen sanftes Licht und zarte Farben in jeden Raum.

Das wird gebraucht

dünner Karton oder starkes Buntpapier
Eierschachtel
gelbe Plakafarbe
1 Trinkröhrchen mit Gelenk
(je Osterglocke)
hellgrünes Kreppband
Steckdraht
3 runde Perlen mit Loch
(je Osterglocke)
1 Rundstab aus Holz, Ø etwa 8 mm (wie Trinkröhrchen)
Heu
goldener Bouillondraht
dünner Bindedraht, grün
Palmkätzchen, Birken- und andere Frühlingszweige
Bänder und Schleifen

So wird's gemacht

Pro Osterglocke schneiden Sie nach der Vorlage auf Seite 54 fünf Blütenblätter aus dünnem Karton zu. Das Blüteninnere entsteht aus den Spitzen, die zwischen den Mulden in der Eierschachtel nach oben ragen. Schneiden Sie eines dieser Elemente aus dem Karton heraus, drücken Sie es zwischen den Fingern flach zusammen und schneiden Sie die Unterkante halbrund zu (s. Zeichnung). Anschließend gelb bemalen und in der Mitte des Bodens ein Loch stechen. In dieses Loch stecken Sie das Trinkröhrchen und verlängern es mit dem Rundstab. Anschließend den Stiel nach unten hin mit Kreppband umwickeln. Ziehen Sie jetzt die drei Perlen in unterschiedlicher Höhe auf

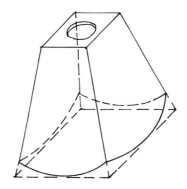

Steckdraht auf und befestigen Sie diese am Ende des Röhrchens in der Blütenmitte; am besten noch mit Heißkleber einkleben (s. Detailfoto). Jetzt werden die Blütenblätter mit ausgesuchtem, feinem Heu beklebt und mit goldenem Bouillondraht umwickelt, was ihnen ein elegantes und zartes Aussehen verleiht. Das Blatt für den Stiel (s. Vorlage Seite 54) wird genauso angefertigt.
Kleben Sie die fertigen Blütenblätter rings um die Mitte am Stiel an; zusätzlich mit Bindedraht befestigen und die Ansatzstelle mit Kreppband versäubern. Das Blatt bringen Sie mit Draht seitlich am Stiel an und umwickeln auch diesen Bereich mit dem grünen Band. Mit frischen Zweigen und Bändern in einer Vase dekorieren.

Sonnenrad

Kleiner Aufwand, große Wirkung – mit diesem durch den Kupferdraht rotgolden leuchtenden Rad kommt Sonne ins Haus.

So wird's gemacht

Schneiden Sie nach der Vorlage auf Seite 53 die sieben gebogenen Strahlen für das Sonnenrad aus Pappe aus; außerdem benötigen Sie zwei Pappkreise mit Durchmesser 14 cm. Nun werden alle Pappteile mit feinem Heu beklebt (s. Schablonentechnik, Seite 9) und dicht mit Kupferdraht umwickelt. Kleben Sie dann die Strahlen gleichmäßig angeordnet rund um eine der Scheiben auf; den zweiten Kreis darüberkleben. Zwischen die beiden Scheiben wird jetzt der Ast geschoben und mit Heißkleber und gebogenem Steckdraht sicher befestigt. Oben am Stab binden Sie mit Schleifen die bunten Bänder an und fügen nach Wunsch noch die Schnur mit den festgeknoteten Holzperlen hinzu. Zum Schluß stecken Sie mit u-förmig gebogenem Draht rings um die Kreisscheibe an der Vorderseite eine Efeuranke fest; die Enden frei nach unten fallen lassen.
Das Sonnenrad mit Stab in den Topf stecken und diesen mit schwererem Füllmaterial ausfüllen, damit der Stab nicht umfällt. Die Abdeckung an der Oberseite mit Moos, einem knorrigem Ast oder anderem Material, das Ihnen zur Verfügung steht, macht das Arrangement komplett.

Das wird gebraucht

Heu
dünne Pappe
dünner Kupferdraht
gerader Haselnußast, 70 cm lang, Ø 1 cm
Steckdraht
rote, grüne, blaue und gelbe Bänder, je 1,20 m lang
Bast oder Schnur
verschiedenfarbige Holzperlen
Tontopf, 20 cm hoch, Ø 18 cm
Füllmaterial, z. B. Kies oder Sand
etwas Moos
Efeuranken, Immergrün

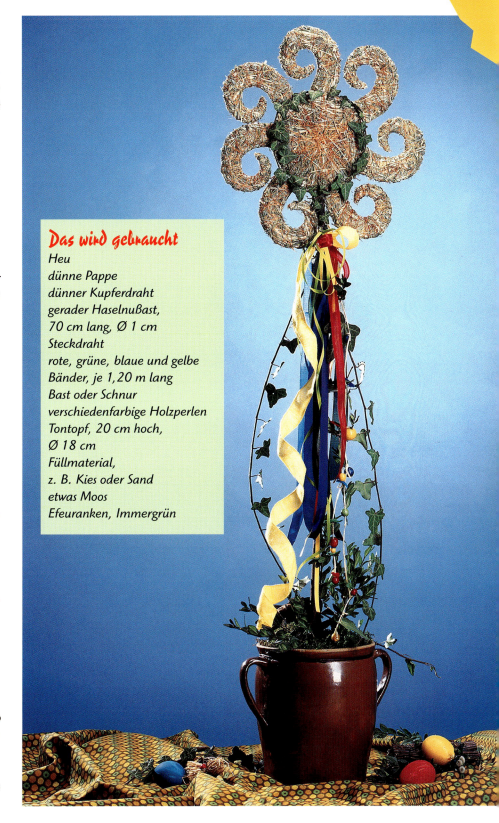

38

Osterlamm im Grünen

Es muß nicht immer gebacken sein... Dieses Lamm mit Zweigen und bunten Bändern wirkt dekorativ und ist eine besondere Ostergabe. Auch nach dem Fest kann es sich mit leichten Umgestaltungen »sehen lassen«.

Das wird gebraucht

Heu
Zeitungspapier
dünne Pappe (Ohren)
dicker und dünner Bindedraht, grün
Steckdraht
braune Glasaugen, Ø 10 mm
rosafarbener Filzrest (Maul)
2 lange Zündhölzer (Kaminfeuer) oder anderes Hölzchen,
z. B. Bindedrahtrolle
0,5 m Schleifenband, 4 cm breit
1 Glöckchen
ovaler Weidenkorb,
etwa 32 x 25 cm
Moos
verschiedene Frühlingszweige
Bänder in verschiedenen Farben und Breiten

Körpermaße

Kopf	12 cm lang, 8 cm breit, 8 cm hoch
Ohren	s. Vorlage Seite 53
Rumpf	25 cm lang, 9 cm breit, 8 cm hoch
Vorderbeine	5 cm lang, 2 cm breit
Hinterbein	10 cm lang, 2 cm breit
Schwanz	15 cm lang, Ø 2 cm

So wird's gemacht

Aus Zeitungspapier bilden Sie zunächst die Grundform für Kopf (ein zur Schnauze hin spitz zulaufendes Ei) und Körper aus (s. Grundanleitung Seite 10); dabei vom gedrehten Kopf abwärts einen relativ kräftigen Hals mit Brustpartie ausarbeiten. Dieses Grundgerüst mit Heu umwickeln, am Bauch etwas schmäler werden und das Hinterteil gut auspolstern. Binden Sie nun für den Schwanz einen Heustrang ab, der sich zur Spitze hin verjüngt; er wird mit Steckdraht in den Körper gesteckt und festgeklebt. Genauso arbeiten Sie die vorne rund abgebundenen Beine, für die Sie mit der Schere im Körper ein Loch vorbohren; Heißkleber hineingeben und entsprechend plazieren. Anschließend werden die Ohren nach der Vorlage (s. Seite 53) aus Pappe ausgeschnitten, mit Heu umwickelt und mit einem u-förmig gebogenen Steckdraht seitlich am Kopf befestigt. Augen aufkleben und für die Schnauze zwei Streichholzköpfe in V-Form (etwa 1 cm lang) anbringen; statt dessen können Sie aber auch ein schmales Hölzchen passend zuschneiden und die Spitzen schwarz bemalen. Ergänzt wird das Gesicht durch einen leicht gebogen ausgeschnittenen, feinen Filzstreifen, den Sie unterhalb der Schnauze als Unterkiefer aufkleben (s. Detailfoto). Die Schleife mit dem Glöckchen um den Hals binden – fertig!!
Setzen Sie das Lamm z. B. in einen mit Moos ausgekleideten Korb und ergänzen Sie die Gestaltung durch ein österliches Gebinde mit farbenfrohen Bändern und Schleifen.

40

Schaukelpferdchen

Welches Kind kann sich nicht für ein Schaukelpferd begeistern – noch dazu, wenn es als Osterpräsent im Garten steht? Ein ausgefallenes Dekorationsobjekt mit natürlichem Charme.

So wird's gemacht

Schneiden Sie zunächst den Draht für die beiden Kufen auf eine Länge von 52 cm zu; sie werden halbrund gebogen (s. Abbildung). Jeweils 5 cm von den Enden entfernt werden die Querstäbe mit 18 cm Länge festgeschweißt. Anschließend das Schaukelgerüst bis zu einem Durchmesser von etwa 2 cm mit Heu und Bindedraht umwickeln.

Das wird gebraucht

Heu
Zeitungspapier
dünne Pappe (Ohren)
dünner Bindedraht, grün
starker Draht, Ø 5 mm,
1,50 m lang (Kufen)
Rundholzstab, Ø 10 mm,
80 cm lang (Beine)
braune Glasaugen, Ø 18 mm
schwarzer Filz- oder Lederrest
(Maul)
Rundholzstab, Ø 8 mm,
18 cm lang (Haltegriff)
brauner Leder- oder Veloursstreifen, 1 cm breit, 1 m lang
(Halfter)
4 flache Goldperlen (Nieten)
Holzperlen in verschiedenen
Farben

Körpermaße

Kopf	14 cm lang, 6 cm breit, 8 cm hoch
Ohren	s. Vorlage Seite 55
Rumpf	23 cm lang, 11 cm breit, 12 cm hoch
Halshöhe	13 cm (mit Brust) 13 cm
Beine	20 cm lang, Ø 5 cm (oben) bis 2 cm (unten)

Nun formen Sie aus Zeitungspapier Kopf und Körper des Pferdchens vor (s. Grundanleitung Seite 10) und bringen mit Bindedraht das Heu an. Für die Beine den Rundholzstab in vier gleiche Teile von je 20 cm Länge schneiden und so in den Körper kleben, daß sie genau auf den Kufen zu stehen kommen. Von oben nach unten schmäler werdend die Beine mit Heu und Draht umwickeln. Stellen Sie dann das Pferdchen auf das Schaukelgerüst und drahten Sie die Beine überkreuzt an den Kufen an. Das Hölzchen für den Haltegriff mittig durch den Hals stecken und an den Enden jeweils mit zwei Holzperlen bekleben. Anschließend werden die Ohren nach der Vorlage auf Seite 55 aus Pappe ausgeschnitten, mit Heu beklebt und mit Draht umwickelt (zur Technik s. auch Seite 11). Am Stirnbereich einkleben, Augen und den Filzpunkt für das Maul (Durchmesser etwa 2,5 cm) aufkleben. Jetzt fehlen noch zwei buschige Wimpern (zur Anfertigung s. Seite 21), die Sie über den Augen ankleben.

Für die Mähne binden Sie einzelne, etwa 10 cm lange und 6 cm breite Heubüschel, beginnend hinter den Ohren bis zum Nackenende, schuppenartig um den Hals herum fest (s. Zeichnung). Die einzelnen Büschel neben- und übereinander setzen, dabei immer etwas aufrichten und abschließend mit der Schere zu einer schönen Mähne frisieren. Dann kleben Sie das Zaumzeug mit Zügel um den Kopf herum fest; an den Schnittstellen die Nieten anbringen. Zum Schluß wird ein am Ende zusammengebundener Heustrang von etwa 5 cm Durchmesser als Schweif am Hinterteil eingeklebt.

Tip
Wenn Sie kein Schweißgerät zu Hause haben, können Sie diese einfache Konstruktion sicher in einer Schlosserei oder einem anderem metallverarbeitenden Betrieb in Ihrer Nähe nach dieser Anleitung nacharbeiten lassen.

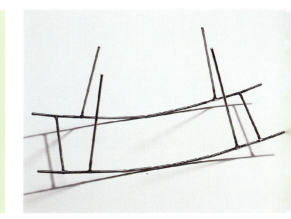

Laubfrosch Quirin

Er glitzert und funkelt... Mit seinen schillernden Augen und den anderen glänzenden Elementen scheint der Frosch geradewegs dem Naß des Gartenteichs entsprungen zu sein. Seegräser und die Libelle als Teichbewohner sorgen für ein adäquates Ambiente.

Das wird gebraucht

Heu
Zeitungspapier
dünne Pappe (Augen)
dicker und dünner Bindedraht, grün
Steckdraht (Augen)
2 Holzscheibchen, Ø 3 cm, etwa 5 mm dick (Augen)
phosphoreszierender Malglitter
20 cm rote Kordel, 4 mm dick (Mund)
2 Holzperlen, Ø 8 mm (Nasenlöcher)
0,5 m rotes Papierband, 7 cm breit
1 m schwarzes Band, 1,5 cm breit
phosphoreszierende Kugel, Ø 3 cm
Blechgießkanne
Schilfrohr und andere Seegräser

Körpermaße

Kopf	insgesamt 15 cm hoch (Stirnpartie 8 cm); Stirnpartie 11 cm breit, Backen 18 cm breit
Körper	14 cm lang, Umfang 35 cm
Arme	34 cm lang, Ø 4 cm
Bein	30 cm lang, Ø 4 cm
Augen	s. Vorlage Seite 56

So wird's gemacht

Modellieren Sie mit Zeitungspapier die birnförmige Kopfform vor (s. Meister Lampe, Seite 17); dabei die Stirnpartie als Kugel formen, nochmals mit einem Blatt wie ein Bündel umwickeln, abbinden und um das überstehende Papier unten quer die Backenpartie ausbilden (zur Technik s. Grundanleitung Seite 10). Auch die Backenpartie unten wieder abbinden; an diesem Zeitungsrest wird nun erneut Papier für den Körper angebunden. Die fertige Grundform mit Heu und Bindedraht umwickeln.
Nun werden die Arme als durchgehender Heustrang in entsprechender Länge gebunden. Lassen Sie an beiden Enden etwa 7 cm Heu als Büschel überstehen; daraus entstehen nun die Zehen bzw. Schwimmhäute für den Frosch: Unterteilen Sie hierfür das Heubüschel zunächst in vier gleiche Teile und umwickeln Sie nun die erste Partie vom Ansatz bis zur Spitze spiralförmig mit Bindedraht (s. Zeichnung). Damit sich eine Spitze ausbildet, müssen Sie zum Ende hin fester wickeln. Führen Sie den Draht an der Rückseite der Zehe wieder nach oben und binden Sie nun die daneben liegende Partie in gleicher Weise ab. Sind beide »Hände« auf diese Weise fertiggestellt, binden Sie die Arme am Rücken des Frosches an. Genauso werden, jeweils einzeln, die beiden Beine mit Zehen ausgebildet, zusammengedrahtet und entsprechend gebogen. Auf diesem Untergestell befestigen Sie nun den vorgefertigten Körper durch kreuzweise Drahtwicklungen über Bauch und Schulter (zu den einzelnen Schritten s. Grundanleitung Seite 10).
Jetzt schneiden Sie die beiden Augen nach der Vorlage auf Seite 56 aus Pappe aus und bekleben oder umwickeln sie mit Heu. Sie werden seitlich am Kopf eingeklebt und zusätzlich mit Steckdraht gesichert. Auf die beiden Holzscheibchen schwarze Pupillen malen, diese mit Malglitter in der Mitte verzieren und aufkleben. Aus einem Heustrang die etwas plattgedrückte Kugel für die Nase formen, mit feinem Draht umwickeln und ankleben; als Nasenlöcher werden zusätzlich noch die beiden mit Glitter dekorierten Holzperlen befestigt. Das aus Kordelstücken aufgeklebte breite Maul (s. Detailfoto) vervollständigt das Gesicht.
Binden Sie Ihrem Frosch zum Schluß noch die beiden Schleifen um den

43

44

Hals und setzen Sie ihn frech auf die mit passenden Seegräsern ausstaffierte Gießkanne. In der Hand hält er einen schillernden »Tropfen« aus Glas.

Libelle

Das wird gebraucht
Heu
Pappe
Heißkleber
Goldeffektdraht
8 cm feine Goldkordel (Fühler)
Malglitter

Körper mit Kopf	16 cm lang
Flügel	s. Vorlage Seite 55

So wird's gemacht

Fertigen Sie zunächst das Flügelteil in Schablonentechnik (s. Seite 9) an. Für den Körper umwickeln Sie einen 1,5 bis 2 cm dicken Heustrang fest mit Goldeffektdraht. Zum Ende hin soll sich der Strang verjüngen, so daß eine Spitze entsteht. Am anderen Ende noch ein klein wenig Heu hinzubinden und die Körperwulst nach vorne umknicken, so daß sich in diesem Bereich eine Verdickung für den Kopf bildet.
Nun kleben Sie die am Ende verknoteten Fühler aus Goldkordel ein und befestigen – gleichfalls mit Heißkleber – den Libellenkörper auf dem Flügelteil. Mit Malglitter verzieren, fertig!

Hahn und Henne: Rund ums Ei

Bruthenne als Nest

Diese Henne erfüllt einen praktischen und dekorativen Zweck zugleich: In dem geräumigen Osternest auf ihrem Rücken lassen sich durchaus auch größere Überraschungen unterbringen.

Das wird gebraucht

Heu
Zeitungspapier
dicker und dünner Bindedraht, grün
Steckdraht
50 x 50 cm feingittriger, verzinkter Maschendraht
roter Filz
2 braune Glasaugen, Ø 12 mm
5 cm langes Hölzchen, Ø 1 cm
(z. B. vom Bindedraht)
Eier

Körpermaße
Kopf	7 cm lang, 6 cm breit (Eiform, zum Schnabel hin spitz zulaufend)
Körper	31 cm lang (ohne Schwanz), 21 cm breit
Flügel	s. Vorlage Seite 55
Kehllappen, Kamm	s. Vorlage Seite 55

So wird's gemacht

Bilden Sie aus Zeitungspapier eine 80 cm lange Wulst mit Durchmesser 6 cm. Diese dick mit Heu und Bindedraht umwickeln und während des Wickelns in die Rundung biegen. Nach 60 cm binden Sie die Wulst länglich zum Ring zusammen und lassen an beiden Enden etwa 12 cm Heu als Büschel überstehen (s. Zeichnung), aus denen später die Schwanzfedern zugeschnitten werden.

Zur Ausbildung der Hühnerbrust binden Sie vorne in doppelter Höhe des Rings Heu auf; zu den Seiten hin in der Höhe auslaufen lassen. Jetzt wird aus Zeitungspapier noch der Kopf vorgeformt, mit Heu umwickelt und von innen nach außen mit Steckdraht über der Brust angedrahtet.

Nach der Vorlage auf Seite 55 schneiden Sie aus dem Maschendraht den Boden mit Flügeln aus. Setzen Sie die Henne darauf, biegen Sie die Seiten mit den Flügeln hoch und nach Wunsch zurecht. Dann die Henne wieder abnehmen und das Maschendrahtgerüst mit Heu und Bindedraht umwickeln. Es wird anschließend mit u-förmig gebogenem Steckdraht an der Henne befestigt.

Zum Schluß schneiden Sie die Schwanzfedern zurecht und kleben die Augen, den aus dem Hölzchen spitzig zugeschnitzten Schnabel sowie Kehllappen und Kamm auf (nähere Hinweise hierzu s. Seite 8 und 46). Letztere werden nach der Vorlage auf Seite 55 aus doppelt gelegtem und zusammengeklebtem Filz ausgeschnitten. Die doppelte Lage ist notwendig, um vor allem dem Kamm einen besseren Stand zu verleihen.

Hühnerleiter-Frieda

Die ländliche Ausstattung verleiht diesem Objekt seine ganz natürliche Wirkung. Auf der Hühnerleiter lassen sich Osternester und andere Gaben hervorragend arrangieren.

Das wird gebraucht

Heu
Zeitungspapier
dicker Bindedraht, grün
dünne Pappe (Flügel)
Steckdraht
50 x 60 cm feingittriger, verzinkter
Maschendraht
roter Filz
2 grüne Glasaugen, Ø 1 cm
5 cm langes Hölzchen, Ø 1 cm
(z. B. vom Bindedraht)
3 Hühnereier
4 Birkenäste, 2 x je 64 cm lang
und 2 x je 42 cm lang (Gestell)
3 Birkenäste, je 45 cm lang
(Leitersprossen)
3 Birkenäste als Querstreben
(in der Länge entsprechend
zuschneiden)
Nägel
4 Maiskolben mit Blättern, Ähren,
Stroh, Hafer, Mais- und Getreide-
körner, Rest Sackleinen als Dekoration

Körpermaße

Kopf	9 cm lang, 7 cm breit (Eiform, zum Schnabel hin spitz zulaufend)
Körper	32 cm lang (ohne Schwanz), 18 cm breit
Flügel	s. Vorlage Seite 54
Kehllappen, Kamm	s. Vorlage Seite 55

So wird's gemacht

Biegen Sie zwei diagonal gegenüber-
liegende Ecken des Maschendraht-
stücks nach oben ein und drücken
Sie die Form etwas zusammen. Das
rechts nach außen stehende Eckstück
zum Schwanz biegen und leicht nach
oben drücken. Anschließend den
Hohlkörper mit Zeitungspapier ausfüllen und dabei noch nachformen
(zur Technik s. auch Grundanleitung
Seite 12).
Modellieren Sie nun den Kopf mit
etwas Hals aus Zeitungspapier und
stecken Sie ihn auf den Körper. Zur
Befestigung wird die linke Ecke des
Maschendrahts an Kopf und Kropf
angedrückt. Jetzt umwickeln Sie
Kopf und Körper mit Heu und Bindedraht und lassen die Büschel für die
Schwanzfedern etwas überstehen;
diese Partie wird nicht mit Draht
abgebunden.
Die Flügel nach der Vorlage (s. Seite
54) aus Pappe ausschneiden, mit Heu
umwickeln und mit u-förmig gebogenem Steckdraht und Heißkleber
am Körper plazieren. Mit Hilfe der
Vorlagen (s. Seite 55) schneiden Sie
anschließend auch Kamm und Kehllappen aus doppelt gelegtem Filz zu.
Die beiden Teile mit Ausnahme der
Unterkante zusammenkleben; so
können Sie den unteren Rand nach
außen biegen und einfach am Kopf
ankleben. Zum Schluß werden noch
die Augen und der aus dem Hölzchen
geschnitzte Schnabel aufgeklebt.

Tip

*Den Körper können Sie auch nach
Fertigstellung noch in Form
drücken. Außerdem wird zum
Schluß mit der Schere das Feder-
kleid nach Wunsch »frisiert«.*

Fertigstellen

Mit Draht und Kleber wird »Frieda«
auf der Hühnerleiter befestigt. Für
diese nageln Sie erst die drei Sprossen
auf die senkrecht laufenden Äste
rechts und links. Anschließend an
den seitlichen Streben im spitzen
Winkel die beiden Äste als »Stand-
bein« befestigen und zum Schluß die
drei Querstreben zur Aussteifung
(Seiten und hinten) festmachen. Das
Gestell wird mit Eiern, Stroh, einem
Nest und anderen natürlichen Materialien dekoriert (s. Foto). Lassen Sie
dabei Ihre Phantasie spielen.

47

Glucke Zenzi

Durch die geschlossene, bauchige Körperform wird aus diesem Huhn eine richtige »Glucke«.
Der kleine Kopf mit dem voluminösen Körper machen den typischen Gesamteindruck aus.

Das wird gebraucht

Heu
Zeitungspapier
80 x 50 cm feingittriger, verzinkter
Maschendraht
dicker und dünner Bindedraht, grün
roter Filz
2 grüne Glasaugen, Ø 1 cm
5 cm langes Hölzchen, Ø 1 cm
(z. B. vom Bindedraht)
Astgabel, 50–80 cm hoch
Gips
Plastiktopf (zum Eingipsen)
Stroh (Hühnernest), Birkenreisig
(Eiernest)
quadratische Kiste, 35 x 35 x
24 cm, oder Korb, Ø 35 cm
Moos, Ähren und Gräser, Steckschwamm, Eierschalen als Dekoration
Kamm,
Kehllappen   s. Vorlage Seite 55

So wird's gemacht

Bilden Sie aus dem Maschendraht
eine Rolle, indem Sie die beiden
Längsseiten oben schließen; die
zylindrische Form ist also 80 cm lang.
An einem Ende drücken Sie nun das
Gitter zusammen und biegen es nach
oben, so daß eine Rundung für die
Brust entsteht. Für den Kropf das
Gitter nach oben hin noch fester zu-
sammendrücken und eine kleine
Öffnung für den Kopf lassen. Dieser
wird mit etwas Hals aus Zeitung
modelliert, anschließend in die
Öffnung gesteckt und festgeklebt.
Bei der Henne wird kein eigens aus-
gebildeter Hals sichtbar, sondern der
Kopf sitzt unmittelbar auf dem
Körper. Je dicker und runder zudem
die Gesamtform, desto typischer
wirkt sie.
Von der noch offenen Seite hinten
füllen Sie nun den Körper mit
Zeitungspapier aus; dabei können
Sie noch einmal nachformen und
Korrekturen vornehmen. Zum Schluß
das Schwanzteil formen, indem Sie
den Maschendraht einfach zusammendrücken und nach oben biegen
(zu den einzelnen Schritten s. auch
Grundanleitung Seite 12).
Die fertige Grundform wird mit Heu
und Bindedraht umwickelt, nur am
Schwanz binden Sie das Material
nicht ab, sondern lassen die Büschel
locker überstehen, so daß der Ein-
druck von Schwanzfedern entsteht.
Kamm und Kehllappen nach der
Vorlage (s. Seite 55) aus doppelt

gelegtem Filz ausschneiden und ankleben (nähere Hinweise hierzu
s. Seite 8 und 46). Zum Schluß den
aus dem Hölzchen geschnitzten
Schnabel und die Augen einkleben.

Fertigstellen

Im ersten Schritt wird die Astgabel in
dem Plastiktopf eingegipst. Setzen Sie
das Strohnest dazwischen und plazieren Sie die Henne. Die Äste werden
mit Moos beklebt, aus dem Birkenreisig winden Sie ein Eiernest und
dekorieren es entsprechend mit Eierschalen.
Nun stellen Sie den Topf in die Kiste,
füllen eventuelle Zwischenräume aus
und dekorieren die Oberfläche: Neben dem Eiernest vorne, wird in der
Ecke links hinten ein Steckschwamm
mit Ähren, Gräsern und getrockneten
Blümchen angebracht. Die übrige
Fläche mit Moos bedecken und nach
Wunsch dekorieren.

49

Kükenmutti Berta

Sollten trotz Ostern doch ein paar Eier übriggeblieben sein, hat das Huhn auch als Mutti noch eine Chance. An den Küken dürfte die Gestaltung nicht scheitern: Im Handumdrehen sind mindestens ein Dutzend davon entstanden!

Das wird gebraucht
Heu
Zeitungspapier
dünne Pappe (Flügel)
80 x 50 cm feingittriger, verzinkter Maschendraht
dicker und dünner Bindedraht, grün
Steckdraht
roter Filz
2 grüne Glasaugen, Ø 1 cm
5 cm langes Hölzchen, Ø 1 cm
(z. B. vom Bindedraht)

Flügel   s. Vorlage Seite 56
Kamm,
Kehllappen s. Vorlage Seite 55

So wird's gemacht
Die besorgte Kükenmutti wird genau wie ihre Kollegin Zenzi angefertigt (s. Anleitung Seite 48). Einziger Unterschied sind die ausgeprägten Flügel, die sie zum Schutz für ihre Jungen benötigt. Schneiden Sie diese, nachdem Kopf und Körper fertig ausgebildet sind, nach der Vorlage (s. Seite 56) aus Pappe aus; anschließend mit Heu bekleben und mit dünnem Draht umwickeln (s. Schablonentechnik Seite 9). Dann werden die Flügel mit u-förmig gebogenem Steckdraht am Körper befestigt, entsprechend in Form gebracht und zusätzlich festgeklebt. Kamm und Kehllappen nach der Vorlage auf Seite 55 aus doppelt gelegtem Filz ausschneiden, Augen in Position bringen, den Schnabel aus dem Hölzchen schnitzen und alle Teile ankleben (nähere Hinweise dazu s. Seite 8 und 46).
Jetzt fehlt nur noch die zahlreiche Familie...

Küken

Das wird gebraucht
Heu
dünner Bindedraht, grün
18 cm Steckdraht, roter Filz
2 braune Holzperlen, Ø 5 mm
kleine Rundzange

So wird's gemacht

Formen Sie aus Heu ein rundes, dickeres Ei in der Größe eines Hühnereis und umwickeln Sie es mit feinem Draht. Für den Kopf wird in gleicher Weise eine Kugel mit etwa 3 cm Durchmesser modelliert. Beide Teile mit Steckdraht und Heißkleber verbinden, und der Körper ist fertig. Jetzt fehlen noch die Beine, die Sie aus Steckdraht mit der Zange zu einem Gestell formen (s. Zeichnung): Biegen Sie dazu den Drahtanfang nach 1,5 cm in der Gegenrichtung rund um; nach einer Länge von 2 cm wird der Draht nun nach oben gebogen und in einer Höhe von 4 mm wieder nach vorne, etwa bis zur Mitte des Fußes geführt. Ab dann den Draht für das Bein gerade nach oben führen. Genauso biegen Sie das andere Drahtende – allerdings seitenverkehrt, d. h. der Drahtanfang liegt wieder innen – zum Fuß. Nun können Sie die verbleibende Strecke mit einer Querverbindung oben zum Fußgestell formen; die fertigen Beine sollten etwa 4 cm Höhe haben. Kleben Sie dann das Gestell am Körper an und fixieren Sie es mit einem u-förmig gebogenen Steckdraht. Ein winziges Schnäbelchen aus einem etwa 3 mm breiten Filzstreifen und einen kleinen, zackig eingeschnittenen Kamm aufkleben. Zum Schluß werden die beiden Holzperlen als Augen eingeklebt.

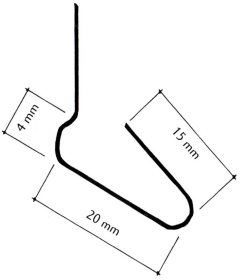

Gockelhahn Federico

Ein stolzer Hahn ist bekanntlich die Krönung jedes Hühnergeheges. Daß er auch auf andere Art beeindruckend wirken kann, zeigt diese Gestaltung in Heu.

Das wird gebraucht

Heu
Zeitungspapier
dünner Bindedraht, grün
50 x 60 cm feingittriger, verzinkter Maschendraht
roter Filz
2 grüne Glasaugen, Ø 1 cm
10 cm langes Hözchen, Ø 1 cm (z. B. vom Bindedraht)
30 cm langes Seegras für den Schwanz (vom Floristen)
geeigneter Topf, 20 cm hoch, Ø 25 cm
gerader Ast, 50 cm lang, Ø 2 cm
Moos
Maiskolben
Naturbast, Ähren, getrocknete Blumen, z. B. auch Mohnkapseln, als Dekoration
Kamm,
Kehllappen   s. Vorlage Seite 55

So wird's gemacht

Der Hahn wird nach der Grundanleitung auf Seite 12 modelliert und fertiggestellt. Stecken Sie ihn dann auf dem Ast auf und befestigen Sie diesen mit einer Halterung in dem Topf. Den Topf mit Stroh oder Zeitungspapier ausfüllen und den Inhalt oben mit Moos abdecken. Das Arrangement wurde hier mit einem um eine Wulst aus Zeitungspapier gewickelten Heukranz (Innendurchmesser 22 cm, Kranzdurchmesser 8 cm) ergänzt. Den Kranz befestigen Sie mit Draht an dem Ast; er wird mit einer üppigen Bastschleife und den getrockneten Blumen und Ähren verziert. Zum Schluß die Maiskolben mit Draht zusammenbinden und auf dem Topf feststecken bzw. -kleben.

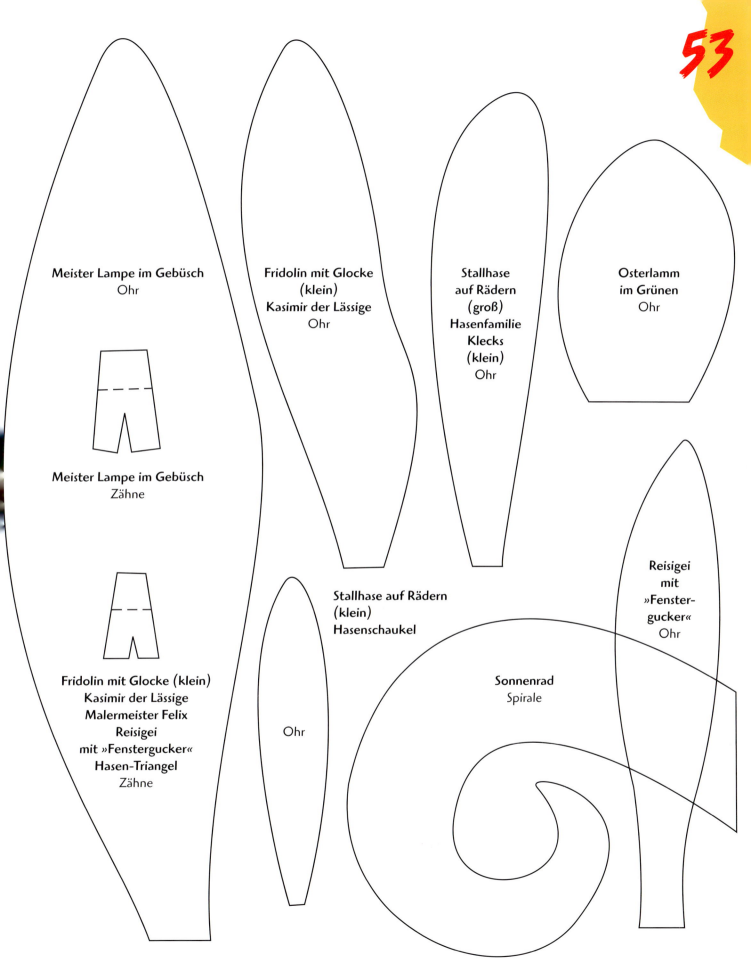

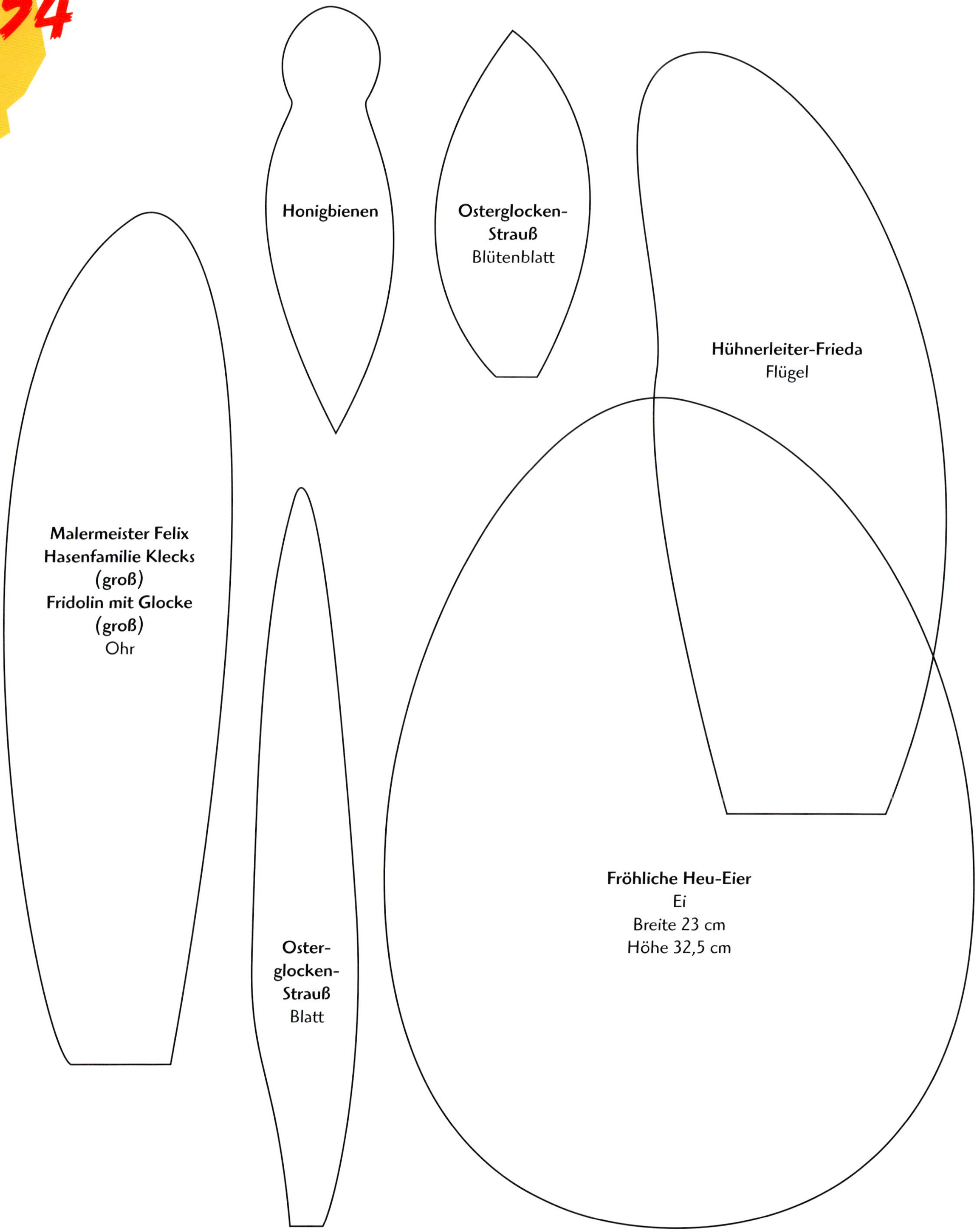

54

Honigbienen

**Osterglocken-
Strauß**
Blütenblatt

Hühnerleiter-Frieda
Flügel

**Malermeister Felix
Hasenfamilie Klecks
(groß)
Fridolin mit Glocke
(groß)**
Ohr

**Oster-
glocken-
Strauß**
Blatt

Fröhliche Heu-Eier
Ei
Breite 23 cm
Höhe 32,5 cm

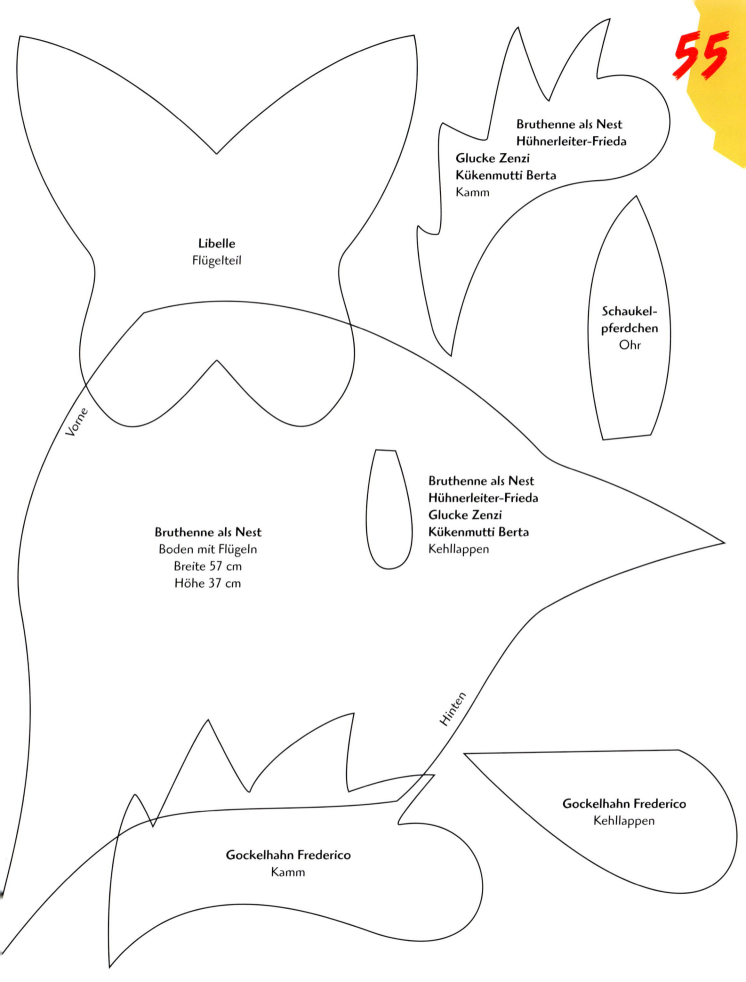

Laubfrosch Quirin
Augen

Kükenmutti Berta
Flügel
Breite 22,5 cm
Höhe 26 cm

Türwächter Kunibert
Gesicht
Breite 33,5 cm
Höhe 59 cm

Hasen-Triangel
Breite 12,5 cm
Höhe 28 cm

Türwächter Kunibert
Auge

Türwächter Kunibert
Nase und Zähne